LE
JEUNE ANACRÉON

CHOIX

de Romances nouvelles et Chansons de Table et d'Amour.

GRASSE

TYPOGRAPHIE ET LITHOGRAPHIE H. IMBERT,

RUE DES CORDELIERS, 7.

1861.

AU BEAU SÉJOUR DE CANNES.

Air : *du Cabanon*.

Qu'il est bien doux le beau climat de Cannes,
ue d'étrangers vont y passer l'hiver,
n dirait voir bientôt ces caravanes,
ui voyagent dans le brûlant désert.
h ! mes amis quelle belle nature.
ue de châteaux, bordent en long la mer,
n voit aussi de belles Créatures,
Qui vont souvent respirer le bon air.

Dans Cannes, on fait de belles connaissances,
Que tout ailleurs on ne pourrait trouver,
Il y en vient de toutes les puissances,
Qui ne demandent qu'à s'y marier,
Grand Dieu du Ciel ! que l'amour a d'allures
Dans un pays qui ne voit pas d'hiver,
On trouve aussi de belles Créatures,
Qui vont souvent respirer le bon air.

Pour les ouvriers il est de belles bonnes,
Qui, vers la mer promènent des enfants ;
Vous y trouvez aussi de ces personnes,
Joliettes et pleines de talents.
Et mes amis, c'est encor des plus sûres,
Celles qu'on voit à tort et à travers,
On voit aussi de belles créatures
Qui vont souvent respirer le bon air.

PAROLES D'AMOUR ET DE DÉLIRE.

Air : *Le Mois de notre vie,*

   Que l'amour a de charmes
Pour les tendres beautés,
Sur ses iniquités,
Je verse bien de larmes.
Elles plairont toujours
Les femmes   (bis).
Les femmes sont mes amours. (bis).

   Consolez-moi la belle,
Mon aimable tendron ;
Oh ! C'est ma passion,
Qui demande du zèle,
Elles plairont toujours   (bis).

   Dieu ! la belle créature,
Que j'ai devant mes yeux ;
C'est là ? qu'on voit les Cieux !

Belle ange toute pure,
Elles me plairont toujours.   etc.

Causer à mon amie,
C'est là tous mes plaisirs,
Pour plaire à ses désirs,
Je lui gage ma vie.
Elles me plairont toujours. etc.

Enfin je me marie,
Voilà mon seul désir;
J'ai fini de gémir.
Je commence ma vie.
Elle me plaira toujours.
Ma femme me plaira toujours
Ma femme est mon amour.   (bis).

Un Régiment de Garibaldiennes

Air : *L'on va former.*

L'on va former à présent,
Un nouveau Régiment,   (bis).
De Garibaldiennes,
Et pour compléter ce corps
On forme l'état major   (bis).
De belles parisiennes.
   Ran, tan plan.   (bis).
   Clairons, tambours en avant.
   Ran, tan plan.   (bis).
   Clairons en avant.

Il restera au dépôt
Ce qu'il y a de plus beau (b
Pour faire le service,
Il partira en effet
Tout ce qui est enragé, (bis).
Tout ce qui est engagé, (bis).
Pour la ville de Nice.
Ran, tan plan. etc.

Adieu donc belles enfants,
Vous allez maintenant (bis).
Toutes quitter vos frères,
L'enrôlement va commencer,
Vous allez donc nous laisser. (bis).
Nos chères commères.
Ran tan plan.

L'AMOUR PASTORALE.

Air : *Des Roses aux rosiers.*

Viens ma charmante bergerette
Respirer l'air de nos vallons;
Je suis charmé de ta toilette,
Nous mêlerons nos blancs moutons.
Pour toi ma bonne amie Thérèse,
Je sacrifie mon seul trésor.
Prends compassion du pauvre Blaise,
Vite secours-le dans son sort. (bis.

Jamais fille dans le village,

Ne put m'intimider d'un brin.
Mais plus que ceux-là tu es sage
A mes amours tu mets un frein.
Quand je te vois belle Thérèse,
Mon sang se bouleverse à mort;
Prends compassion du pauvre Blaise,
Vite secours-le dans son sort. (bis).

Dans la plaine, dans la montagne
Je me croirais bientôt le roi,
Courons y donc douce compagne,
Mon cœur ne battra que pour toi,
Viens donc, viens donc belle Thérèse,
Sur ce revers où sur ce bord
Prends compassion du pauvre Blaise,
Vite secours-le dans son sort. (bis*)

A Dieu j'adresse ma prière;
Car tu chéris ton bien aimé,
Tu me l'as prouvé la première ;
En ce lieu m'as-tu donc charmé?
Je n'y vois plus clair ma Thérèse,
Aie donc bien soin de mon transport.
Prends compassion du pauvre Blaise,
Vite secours-le dans son sort. (bis).

DIALOGUE ENTRE L'IVROGNE ET L'AMOUREUX.

Air : *Vaudeville des Deux Edmond*.

LIVROGNE

Dis donc ? toi qui aimes les femmes!

Que recueilles-tu dans ces âmes ?
Le crû seul flatte tous tes goûts,
 Ah ! que c'est doux,

L'AMOUREUX.

N'insulte pas maudit ivrogne,
Tu devrais en avoir vergogne,
L'amour seul a de doux appas,
Et ton vin n'en a pas.

L'IVROGNE.

L'amour ne se rend qu'en cachète.
Et souvent il agit en traitre,
C'est souvent la perte de nous,
Ça n'est rien doux

L'AMOUREUX.

Fi donc ! tu n'es qu'une crapule,
Et tu es toujours ridicule ;
Le nom d'ivrogne est toujours bas,
Mais l'amour ne l'est pas.

L'IVROGNE.

Je te remercie confrère ;
J'ai connu trop tard ma misère.
La raison est avant tout,
Mais c'est mon goût.

L'AMOUREUX.

Quand on a bien bu, bien mangé,
De la table l'on peut prendre congé,

Moi je commence à m'ennuyer
Et je vais essayer.

L'IVROGNE.

Je crois que tu as les deux défauts,
Quand on a bien bu et bien mangé
De la table on peut prendre congé,
Moi je commence à m'ennuyer,
Et je vais, vous quitter.

L'AMANT FIDÈLE.

Air : *Souvenir du Jeune âge*,

(MUSIQUE PAR HÉROLD)

Ton cœur ô mon amie
Est gravé dans le mien;
Et jamais de la vie
Je ne romprai ce lien?
Car tu es mon unique,
Mon tendre souvenir !
Ma petite Angélique,
Pour me faire plaisir.

Mon âme est toujours fière,
Quand je suis près de toi,
Ma flamme est trop altière;
Je suis tout en émoi,
Tu es ma politique;
Doux tendre souvenir !

Ma petite Angélique,
Pour me faire plaisir.

Ton regard ma doucette,
Seul calme mon esprit,
Me dégage la tête
De mon plus grand souci.
Mes accents de musique
Faits à ton souvenir,
Ma petite Angélique
Pour te faire plaisir

Enfin à toi ma vie !
Je consacre à jamais
A toi ma poésie,
Car je te la soumets.
Ton cœur est électrique
Et m'excite à finir,
Ma petite Angélique
Pour te faire plaisir.
Ma petite Angélique
Ne me fais plus souffrir.   (bis).

UNE BONNE POSITION.

Air : *Dans un délire extrême.*

Ici dans ce bas monde
Une femme seconde,
On doit s'y marier
Pour bien y séjourner,

L'hymen est un sacrement,
On doit y penser souvent.
Les filles c'est très sérieux
Ne demandent pas mieux.   (bis.)

Voilà la proposition,
De faire sa position.
Jeunesse empressez-vous,
Cela seul fait pour vous.
C'est surtout le mariage
Qui double le courage,
Les filles c'est très sérieux.
Ne demandent pas mieux.   (bis.)

Gré matin aussi l'amour
Est le plus fort en ce jour,
Et sur terre et sur l'eau
Fait glisser son bandeau.
Enfin tout homme sage,
Doit aimer le mariage ;
Les filles c'est plus sérieux,
Ne demandent pas mieux.

LES DAMES SONT PLUS AMOUREUSES QUE LES AMOUREUX.

Air : *Mon Cœur gémit de t'affliger.*

Mon cœur gémit, mon bel ange !
Pourquoi ne puis-je plus te voir ?

Sans çà je ne bois, ni mange
Ennuyée du matin au soir.
Cela trouble mon ménage.   (bis)

Hélas! les autres amoureux
Ne sont que des omelettes;
L'amour ne ronge pas chez eux
Comme chez nous, pauvres fillettes,
Qui sommes toujours entre eux.

Viens donc, viens plus souvent me voir
Et pour me prouver que tu m'aimes,
Viens donc, mets-y tout ton pouvoir:
Pour çà je m'en flatte moi-même,
Arrive surtout pour ce soir.

Vois-tu je suis seule à présent,
Voilà tout ce qui me désole.
Enfin viens donc mon cher amant,
Que ta présence me console
Je perds courage en ce moment (bis.)

UN BON CONSEIL.

Air : *Maître Corbeau*.

Mes aimables fillettes, faites les yeux doux,
Car ces jeunes garçons n' conspirent que pour vous,
Soyez un peu moins fières, et ayez compassion
Des jeunes amoureux qu'excite les passions.
  Sur l'air de tra, la, la, la,   (bis).
  Sur l'air du tra déri, déra, la, la la,

Ne soyez pas cruelles, et prenez vos partis;
N'attendez plus longtemps d'avoir jeunes maris.
Pensez à vos vieux jours, pensez y tous les jours.
Décidez-vous bientôt à régler vos amours.
    Sur l'air dé, tra, la, la, la, etc.

Soyez aptes et hâtives, et ouvrez les yeux,
Et ne faites pas voir un regard soucieux;
Ajustez bien le coup et faites-le partir
Sur votre jeune ami, qui ne fait que gémir.
    Sur l'air dé, tra la, la, la. etc.

Ayez bonne conduite, surtout réservée
Et une brave fille, est bientôt épousée;
Sans être élégante, modifiez vos désirs,
Soyez pas si volages surtout aux plaisirs.
    Sur l'air de tra, la, la, la, etc.

Ecoutez, je vous prie, bien mon sage conseil
De meilleur surtout, n'en est pas un pareil.
Filles imitez-le sachez-vous comporter
Vous trouverez surtout à bien vous marier.
    Sur l'air dé tra, la, la la, etc.

C'ÉTAIT DEUX NOUVEAUX MARIÉS.

(RÊVERIE.)

Qu'ai-je donc, selon moi, qui me ronge la vie?
Et mon âme, qui fond, et qui coule au plaisir

C'est mon ange gardien, c'est mon aimable ami
Qui me retient le souffle et m'excite à dormir

 Pour sa tendresse,
 Je peux mourir ;
 Dans sa détresse
 Je prends plaisir.

A toi Dieu de l'hymen, j'adresse ma prière
Car je pourrais mourir en ce fatal moment
Bientôt qu'on nous marie, mon âme sera fière
Après s'il faut mourir je serais très content (bis

 Pour sa tendresse,
 Je peux mourir
 Dans sa détresse
 Je prends plaisir.

Sur cette terre je me trouve heureux par plaisi
Que demande-t-on ? quand on a d'une amie,
Son cœur, sa foi, son image tout à loisir,
Quand à son réveil, c'est la femme chérie.

 Pour sa tendresse,
 Je peux mourir
 Dans sa détresse.
 Je prends plaisir.

UN DÉSIR INUTILE.

Air : *Fuyant et la ville et la cour.*

Heureux qui possède ici-bas

Une de ces beautés vermeille ;
Dans mon malheur je n'en ai pas
Pourtant je ne prie que pour elle.
Ce devoir si cher à mon cœur
Hélas ! est plus fort que moi-même,
Je n'ai pas encor eu l'honneur,
Pourtant voilà tout ce que j'aime.

   Tout de même c'est bien le temps.
Je pourrais rentrer en ménage,
Rien que pour cela je me sens.
Las comme l'oiseau dans sa cage,
L'hymen seul ferait mon bonheur
En me tirant d'un pas extrême.
Je n'ai pas encor eu l'honneur,
Pourtant voilà tout ce que j'aime   (bis)

   Quand je vois passer des belles,
Qui sont bien moins riches que moi,
A l'amour elles sont rebelles,
Et pourtant je leurs promets ma foi ;
Plus je leur avoue mon malheur,
Plus le refus dans leur cœur germe
Je n'ai pas encor eu l'honneur,
Pourtant voilà tout ce que jaime.   (bis).

   Souvent je pense au mariage,
Je suis petit dans mon embarras
Je perdrai bientôt courage,
Je ne mange pas même aux repas.
Je suis tout plongé dans le malheur !
D'aimer c'est toujours mon système,

Je n'ai pas encor eu l'honneur
Pourtant voilà tout ce que j'aime.   (bis).

LE GAMIN DEVENU AMOUREUX.

Air : *Qui peut croire aux songes*.

REFRAIN.

Qui n' serait sensible aux amours indomptés,
Je ferai mon possible, pour les jeunes beautés,
 Tra, la, la,, la, la, la, la, la, la.

Souvent ma voisine, moi qui n'suis que gamin,
Me prend dans sa chambre, et me pelote soudain
 Qui n' serait sensible etc.

Voilà son affaire, jugez ce qu'elle m'a fait,
Elle me caressait, et très-bien m'amusait.
 Qui n' serait sensible, etc.

Quand j'aurai bien l'âge, nous pourrons nous unir
M' dit un soir la belle, avec un grand soupir,
 Qui n' serait sensible etc.

En finissant de rire, elle me porte à maman,
Lui disant madame, voilà un beau présent,
 Qui n' serait sensible, etc,

On dit que les filles, aiment jeunes garçons,
Car ceux de son âge, leur font des trahisons,.
 Qui ne serait sensible

OH! QU'ON EST HEUREUX.

Air : *du soleil qui te suit.*

Oh! grand Dieu! qu'il est doux d'aimer avec ivresse
Quel bonheur, si parfois l'objet de sa tendresse
A l'amant transporté accorde un doux retour
Sans sommeil, tous les deux, de la même manière
La nuit en ouvrant la paupière,
N'oublient pas le charmant amour.

Grand Dieu qu'on est heureux quand on a une âme
Qui vous donne son cœur et sa joie pour la vie
On aime tout alors, les voisins, le séjour,
Cela est bien plus beau que toutes les richesses,
L'on ne peut, entre deux caresses
Oublier le charmant amour.

Oh! pour me marier, que ne puis-je avoir l'âge?
Mon cœur ferait le choix d'une femme bien sage
Elle serait pour moi le bien de chaque jour
Mais le sort me poursuit; hélas! je perds courage
Car les autres à mon âge
N'oublient pas le charmant amour

AIMONS-NOUS MUTUELLEMENT.

Air : *Le vin de Bourgogne.*

Les jeunes coquettes
Sont toutes muettes

A la charité.
Beauté (bis)
Aimez la charité
Garçons (bis.)
Aimez les doux tendrons.
Beauté (bis.)
Aimez la charité, etc.

Filles soyez fières
D'aimer les braves garçons (bis.)
Car ils sont vos maîtres
Vos chers compagnons
Beauté (bis.)
Aimez la charité etc.

Le garçon est sage
Surtout s'il est amoureux (bis.)
Il a du courage
Et le cœur joyeux
Beauté (bis.)
Aimez la charité etc.

Quand Dieu créa l'homme,
C'est bien sa chère moitié (bis.)
Qui soustrait la pomme
Du mortel pommier.
Beauté (bis.)
Aimez la charité etc.

Soyez assurées
De ce que Dieu nous promit (bis.)
Et que ces pensées

Vous ouvrent l'esprit
Beauté   (bis.)
Aimez la charité etc.
Garçons   (bis.)
Aimez les doux tendrons

L'AMOUREUX DÉLAISSÉ.

Air : *Le père Bacchus.*

Mes chers amis, les gens de mon village,
Blâment derrière, et vous font beau devant *(bis)*
Mais il n'ont pas vu encore mon courage,
Plein de talent, plein de talent, bis.
Plein de talent pour une jeune enfant.

Bien tendrement, je sers les demoiselles
Lorsqu'elles sont fidèles à l'amour.   (bis)
Mais pour mendier, comme ces infidèles,
Qui font l'amour,   *(bis)*.
Qui font l'amour, pour jouer quelque tour.

C'est à l'amour, que je dois mes pensées,
La nuit, souvent, je rêve en souriant   (bis).
Quand je pense à ces âmes insensées,
Qui fièrement,   *(bis)*.
Qui fièrement, laissent les belles en plan.

Je ne cherche plus, que ma chère destinée
Elle seule, fait mon occupation.   (bis).
Mais par un beau soir, ou une matinée

Ma passion, (bis).
Ma passion changera de faction.

L'AMOUR PRIVÉ.

Air : *Des Girondins*

Viens-ici, près de moi, Julie,
Viens-ici je veux t'épouser,
Tu veux donc abréger ma vie ;
Je le sens, je vais succomber.

Refrain. Ma petite Julie (bis).

Hélas ! reste chez moi sans toi je perds la vie (bis)
Elle part loin de moi Julie,
Mon cours va donc se terminer
Dans les tourments de la vie.
Mes amours vont me couronner.

Ma petite Julie. (bis).

Au Ciel, l'amour, ô ma Julie,
Au Ciel, Dieu nous unira
Bientôt je quitte ma patrie ;
L'agonie me ronge déjà.

Ma petite Julie. (bis).

Très-cher fils, on dit que Julie
Est morte depuis ce matin.
Et moi je termine ma vie.
En murmurant ce doux refrain :

Ma petite Julie. (bis)
L'ange m'accorde enfin ta droite ô ma chérie bis.

L'HOMME JOYEUX.

Air : *Partant pour la Syrie.*

Tant que nous serons jeunes,
Soyons toujours joyeux,
Ceux qui suivent le jeune
Ne viendront jamais vieux
La vie est bien chérie
Par les joyeux humains.
Avant qu'on nous marie
    Profitons du festin.

Tout mortel dans la vie
Est venu pour souffrir;
Jeunesse bien chérie
Profitez du plaisir.
Ma petite Julie,
M'a donc promis sa main.
Avant qu'on nous marie
Profitons du festin (bis.)

J'épouserai j'espère
Cette belle Julie,
Je sais son caractére,
Je serai son mari.
Mon âme est réjouie,

je l'épouse demain
Avant qu'on nous marie
Profitons du festin   (bis.)

Heureuses gens dans les villes
Qui aimez à vous amuser,
Laissez ce tas d'imbéciles
Qu'un rien peut faire fâcher
Évitez dans votre vie
Le désespoir inhumain
Avant qu'on nous marie
Profitons du festin.   (bis.)

ADÈLE EST MON AMOUR.

Air : *Douviens-tu beau nuage*

D'un amour mémorable,
Je te suis redevable ;
Jeune fillette aimable
Tu seras mes amours
Ma douce et tendre Adéle,
Ma douce ritournelle ;
Me seras-tu fidèle,
Me plairas-tu toujours?
Ma chére et tendre Adèle,
Et mes belles amours
Me seras-tu fidéle,
Me plairas-tu toujours?   (bis.)

Quand tu seras ma femme,

Le secret de ma flame
Et ma chère moitié
Ce seranotre affaire,
Jamais dans la misère ;
Là mon amour sincère
Nous vivrons de moitié
Ma chère et tendre Adèle etc,

 Hélas charmante Adèle,
Tu m'aimeras ma belle
Me seras-tu fidèle
A mon ardent amour
Et sans cela mon aile
Ma charmante maîtresse,
Toujours dans la détresse,
J'aurais petit séjour,
Ma chère et tendre Adèle
Et mes belles amours
Me seras-tu fidèle
Tout le temps de mes jours (bis.)

A CELLE QUI M'EST DESTINÉE.

Air : *Viens belle nuit.*

Rien n'est plus doux que ma chère maîtresse,
Rien ne me plait quand elle est loin de moi,
Ah ! que l'amour accable de tristesse
Tous les amants soucieux en émoi.
Quand je la vois, je fixe ses prunelles;
Je suis heureux quand je fais son désir.
Si je la vois, qui ploie sous ses ailes

Je suis touché de lui faire plaisir.   (bis).

Il est beaucoup de fillettes volages,
Qui se ficèlent de laine, de rubans,
Regardez-les, jeunes hommes bien sages,
Comme des filles, qui n'ont pas leur bon sens:
Vous les voyez arrogantes, cruelles.
La seule à moi, remplit mon seul désir.
Si je la sens, qui me ploie sous ses ailes
Je suis touché de lui faire plaisir.   (bis.

On vit heureux quand on a de bonne heure,
Le doux tendron, qui nous est destiné;
Comme ceux-là dans mon humble demeure,
Je goûte enfin ce qui m'est décerné.
Ma bonne amie comme les tourterelles
Est le symbole du bonheur, du plaisir,
Si je la sens qui me ploie sous ses ailes
Je suis touché de lui faire plaisir.   bis.

UN MARI A SON ÉPOUSE, LE JOUR DES NOCES.

Air : *Je vivais dans l'indifférence.*

Marthe, mon épouse chérie,
Mon avenir, mon beau trésor,
Reste fidèle, mon amie,
Le bonheur dépend de l'accord.

REFRAIN. Faisons, faisons comme les tourterelles.

Qui s'aiment bien et du profond du cœur,
Mais hélas! l'amour allège les belles
Et fait vivre dans le bonheur.   bis

Quand nous serons à notre ouvrage,
Et à d'autres occupations;
Nous serons heureux en ménage,
Et sans peines, sans aversion

    Faisons, faisons. etc.

Tu dois savoir comme je t'aime,
Et moi je te connais aussi ;
Rappelle-toi ce bon problème,
Des noces, de ce refrain-ci.

    Faisons, faisons. etc.

Cher mari, je te remercie,
Je grave cela dans mon sein,
A toi je consacre ma vie,
En imitant ce doux refrain :

    Faisons, faisons. etc.

UN DEVOIR REMPLI.

Air : *Suzette. Manicle bon Groulier.*

Daignez mesdemoiselles,
Un peu vous annoncer;
N' Soyez pas si cruelles,
L'on veut vous épouser.

L'on veut (bis).
L'on veut vous épouser.
 Aimez ces doux garçons,
Fillettes, sans façons.
Du courage mes belles,
Ne soyez pas rebelles,
Les maris vous appellent,
Vous n'êtes plus enfants.
Longtemps, (bis).
Imitons, (bis).
Nos papas,
Nos mamans. (bis).

 Mon Dieu ! dès notre enfance,
N'avons nous pas aimé
Pour notre délivrance.
Cette chère moitié.
Notre, (bis).
Notre chére moitié,
Mais faisons comme ça,
Nous qui avons déjà
La forte persistance,
Sans faire pénitence
Cherchons la dèlivrance
Car nous avons le temps
Longtemps. (bis).
Imitons nos papas,
Nos mamans. (bis).

 Filles nous sommes en âge
Pour les belles unions
Entrons vite en ménage
Tollé bénédictions

Tollé. (bis).
Tollé bénédictions.
Vous avez bien raison
Cher tendre et doux garçon.
Nous causions de la peine
Et nous avions la gêne
La semaine prochaine,
Aurions-nous bien le temps ?
Longtemps. (bis).
Imitons nos papas,
Nos mamans, (bis).

L'AMANT CONSCRIT.

Air : *Du fils vendu.*

Console-toi ma bonne et tendre amie,
Console-toi, je pars au Régiment;
Sèche tes pleurs, va donc je t'en suplie ?
De nous quitter c'est un fatal instant.
Je ne ferai pas les sept ans j'espère,
Tu m'attendras je crois à mon retour,
Adieu, bon soir, porte-toi bien ma chère,
Et quelque jour nous règlerons l'amour (bis.

Dès aujourd'hui la France est bien tranquille
On a fini ces glorieux combats.
Sèche tes pleurs, va donc c'est inutile?
Nous sommes fiers, car nous sommes soldats
Aie donc bien soin de mon très cher vieux père
Consoles-le bien jusqu'à mon retour.

Adieu bon soir, porte-toi bien ma chère.
Et quelque jour nous règlerons l'amour.(bis)

N'entends-tu pas le clairon qui m'appelle ?
Conserve pur le cœur à ton amant.
Aux promesses du moins sois moi fidèle ;
Conserve-toi garde le cœur content,
Et n'oublie pas aussi ma pauvre mère,
Console-les bien jusqu'à mon retour bis.
Adieu bon soir porte-toi bien ma chère bis.
Et quelque jours nous règlerons l'amour bis.

QU'EST-CE QUE C'EST QU'UN MILITAIRE.

Air : *Qu'est-ce que c'est*.

REFRAIN. Qu'est-ce que c'est qu'un militaire
Plan pa, ran, plan, plan, pa, ran, plan.
Qu'est-que c'est qu'un militaire ?
C'est un homme court d'argent   (bis).
Qui toujours dans l'ornière,
Se trouve souvent dedans.   (bis)
Qu'est-ce que c'est qu'un militaire, etc.

Ils aiment le cœur des bonnes
Plan, pa ran, plan, plan, pa ran, plan, plan.
Ils aiment le cœur des bonnes
Et sont bons, joyeux et doux. (bis).
Ils sont bien aimés des bonnes,
Qui toujours font les yeux doux.
Qu'est-ce que c'est qu'un militaire. etc.

Au diable toutes femelles.
Plan, pa ran, plan, plan, pa ran, plan plan
Au diable toutes femelles,
J'y renonce aprésent.   bis.
Et je maudis les plus belles,
Je préfère ma bonne d'enfant bis.
Qu'est-ce que c'est qu'un militaire etc.

Un soldat aime la guerre,
Plan, pa ran, plan, plan, pa ran, plan plan.
Un soldat aime la guerre
Il est fier de sa valeur   (bis).
Il essuie quelque misére
Pour augmenter son honneur (bis.
Qu'est-ce que c'est qu'un militaire
C'est un homme court d'argent (bis).
Qui toujours dans l'ornière
Se trouve souvent dedans   (bis).

LES DEUX PETITS SAVOYARDS.

Air : *Un trompette du Régiment.*

Jeune j'ai passé mon temps
Avec ma sœur.
Avec ma sœur Jeannette.   bis.
Mais maintenant nous sommes absents
De nos maillons.   bis.
De notre maillonnette.
Hélas! encore bien petits
Oh! je vous le repète
Il fallut quitter le pays,
Sans violon, ni musette

Sans musette ni violon bis.
Sans violon.
Ni musette,

Nous avons quitté la Savoie
En regrettant, bis.
En regrettant ma mère,
Qui nous disait : je vous renvoie
Avec douleur amère.
Avec douleur, bis.
Nous sommes partis pour Paris,
Tous deux avec Jannette,
Mais nous nous voyons bien petits
Sans violon ni musette,
Sans musette ni violon
Sans violon
Ni musette.

Ma sœur savait un peu danser
Et je chantais. (bis).
Et je chantais les valses.
Le monde savait quoi penser
De nos drôles (bis).
De nos drôles grimaces,
De nos drôles de comédies
Surtout de ma Jeannette,
Et gaiement nous gagions
Sans violon ni musette
Sans musette ni violon
Sans violon.
Ni musette. (bis).

MARIE LA FLEUR DU VILLAGE.

Air : *On parle de Philosophie.*

Jétais la fleur de mon village;
Marie était mon nom chéri,
Mais quand il s'agit du mariage
Je ne plaisais à nul ami.
L'on aurait dit que mon corsage,
Eblouissait tout le pays...
Je bornais là tous mes soucis,
Car je me croyais sage.   (bis).

Hélas! plus tard dans le village,
L'on me regarda, mais de loin ;
Quoique cela l'on me crut sage
Je citerais plus d'un témoin
J'avais jadis du courage,
Mais maintenant c'est bien tant pis.
Je borne là tout mes soucis,
Car je suis toujours sage.   (bis).

Enfin me voilà délaissée;
Pour une fille comme moi,
J'ai une triste destinée !
Je vous le jure sur ma foi.
Je suis dépourvue de courage.
Vivre sur terre sans amis !
C'est le plus grand de mes soucis.
Quand même je sois sage,   (bis).

Pourtant je suis bien jeune encore
Ce déplaisir fâne mon teint;

Et ce souci seul me dévore,
Et me cause tout mon chagrin;
En m'enlevant tout mon courage,
Ce mystère perd mon esprit.
Je borne là tout mon souci,
Mais pourtant je suis sage.   (bis)

Qu'en dites vous donc? ma voisine,
A vingt quatre ans, aux beaux yeux bleus,
Avec mon teint, j'ai bonne mine,
Aussi ma bonne, c'est fâcheux.
Je ne plais pas même au village,
Aucun jeune, ne me sourit.
Je borne là tout mon souci,
Je peux mourir en sage.   (bis)

ANDRÉ BERTRAND.

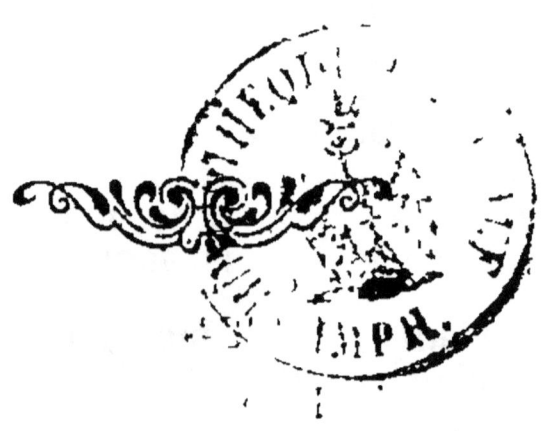

www.ingramcontent.com/pod-product-compliance
Lightning Source LLC
Chambersburg PA
CBHW070449080426
42451CB00025B/2032